Inhalt

Das digitale Fernsehen revolutioniert den Fernsehmarkt

Kernthesen

Beitrag

Fallbeispiele

Weiterführende Literatur

Impressum

Das digitale Fernsehen revolutioniert den Fernsehmarkt

M. Westphal

Kernthesen

- Digitales Fernsehen ist über verschiedene Übertragungskanäle möglich und wird zunehmend flächendeckend eingeführt.
- Der terrestrische Empfang digitaler Übertragungssignale wird die Empfangsqualität erhöhen.
- Auch für mobile Geräte wird der digitale Fernsehempfang bald möglich sein.
- Durch digitales Fernsehen könnten auch die Medienzentralen im Wohnzimmer ihren Einzug halten.
- Die Wertschöpfungsketten im

Mediengeschäft könnten sich durch die Einführung des digitalen Fernsehens ändern.

Beitrag

Digitales Fernsehen ist über verschiedene Übertragungskanäle möglich und wird zunehmend flächendeckend eingeführt

Die digitale Übertragung der Fernsehsignale revolutioniert den Fernsehmarkt. Über verschiedene Übertragungsmedien wird das digitale Empfangen von TV-Signalen möglich.
Die unterschiedlichen Übertragungsnormen für digitales Fernsehen:
- DVB-S (Digital Video Broadcasting Satellite);
- DVB-C (Digital Video Broadcasting Cable);
- DVB-T (Digital Video Broadcasting Terrestrial);
- DVB-H (Digital Video Broadcasting Handheld).

Die flächige Einführung dieser Technologie schreitet kontinuierlich voran.
In München sowie im Großraum Nürnberg und

weiten Teilen Südbayerns erhöht sich die Sendervielfalt für Antennennutzer auf 24 digitale TV-Programme. Um das digital-terrestrische Fernsehen nutzen zu können, benötigt der Zuschauer neben Dach- oder Zimmerantenne auch ein DVB-T-Empfangsgerät. (1)
ARD und ZDF planen für 2005 gemeinsam den weiteren Flächenausbau des digitalen terrestrischen Fernsehens via DVB-T in Deutschland. Trotz der Einführung in Bayern und Mitteldeutschland werden noch etwa 37 Millionen Personen in Deutschland nicht mit DVB-T versorgt sein. Dies betrifft bisher insbesondere die schwächer besiedelten Regionen. (4)

Der terrestrische Empfang digitaler Übertragungssignale wird die Empfangsqualität erhöhen

DVB-T wird durch fehlendes analoges Rauschen und viele typische Signalstörungen die Empfangsqualität des Antennenempfanges deutlich steigern.
Allerdings werden verschiedene Sender per Multiplex gebündelt, was dazu führt, dass sich alle die gesamte zur Verfügung stehende Bandbreite teilen. Sollten mehrere Sender parallel bandbreitenintensives

Material ausstrahlen, könnten durch die mögliche Variation der Bandbreiten die Bildqualitäten leiden, sodass DVB-T qualitativ gegenüber der DVD oder DVB-S immer den kürzeren zieht.

Auch für mobile Geräte wird der digitale Fernsehempfang bald möglich sein

DVB-H wird analog zu WLAN einen zusätzlichen alternativen mobilen Downlink-Kanal zu UMTS darstellen, um hochvolumigen Content zu empfangen. Daher sind die DVB-H-Aktivitäten innerhalb der Mobilfunkbetreiber nicht unumstritten. (6)

Das Prinzip von DVB-H ist die Kombination der Distribution der Rundfunkkanäle (One-to-Many) mit einer Punkt-zu-Punkt-Übertragung (One-to-One). Die Vorteile kostengünstiger breitbandiger Downlinkkanäle für multimediale Inhalte werden mit individualisierter Diensteerbringung auf einem mobilen Endgerät kombiniert. Und das ohne, dass der Nutzer einen sichtbaren Medienbruch erkennt. Während des Abspielens eines Video-Clips in einer Fernsehsendung hat er die Möglichkeit, über die Benutzeroberfläche oder einen Link zu einer

Musikdownload-Börse zu gelangen, von der aus er sich das entsprechende Lied oder den Clip über optionale Kanäle schicken lassen kann. (6)

In DVB-H wird der Downlinkkanal in einer Abwandlung des DVB-T-Signals realisiert wobei es optimiert ist auf die Anwendung auf mobilen Kleingeräten, Smart Phones und auch PDAs in Bezug auf Stromverbrauch und Formatanpassung an die kleineren Bildschirme. (6)

Digitales Fernsehen auf mobilen Geräten wird dieses Jahr beinahe zeitgleich in Großbritannien, Frankreich und den Niederlanden getestet.
So wird bereits im Frühjahr der britische Mobilfunkanbieter O2 zusammen mit dem Sender NTL1 und Nokia einen Pilotversuch mit DVB-H (Digital Video Broadcasting Handheld) starten. Hierbei werden 250 Personen in Oxford über einen Zeitraum von sechs Monaten neun verschiedene Sender mobil empfangen können. France Telecom, Orange Buygues Telecom und der Satellitensender TPS ermöglichen ab Juni mindestens 200 Pariser Einwohnern für sechs Monate den TV-Empfang via Handy.
Ebenso für dieses Jahr hat der niederländische Telekommunikationskonzern KPN zwei Pilotprojekte für den Empfang von digitalem Fernsehen auf dem Handy avisiert. Die Technik wird im Sommer

überprüft, im Herbst folgt dann der Praxistest mit 500 Nutzern.
Diesen Tests ist jeweils eine zeitlich begrenzte Zulassung erteilt worden, allerdings stellt sich die Frage, ob für die bevorstehende kommerzielle Einführung rechtzeitig eine längerfristige Frequenzzuteilung erfolgen wird. Die EU-Verwaltung möchte sich bis jetzt noch nicht auf ein einheitliches Sendeschema für DVB-H in Europa einigen. Sie muss sich recht kurzfristig mit der Frage der belegten Frequenzbänder beschäftigen, da ansonsten die Gefahr drohe, dass sich eine schlechte Technologie durchsetzen könnte. (2)

Durch digitales Fernsehen könnten auch die Medienzentralen im Wohnzimmer ihren Einzug halten

Digitales Fernsehen könnte im heimischen Wohnzimmer den lang ersehnte Boom der Medienzentralen auslösen, denn wenn die gesamten Übertragungsdaten digital serviert werden, wäre es doch eine Schande, die digitalen Schmankerl nicht gleich auf digitalen Medien zu speichern. (5)
So können terrestrisch oder via Satellit empfangene

digitale Fernsehsignale problemlos auf der Festplatte, auf CD-ROM oder DVD gespeichert und mit geeigneter Software problemlos bearbeitet werden. (5) Daher rollt auf den Handel durch die flächige Einführung dieser Technologie riesiges Umsatzpotenzial zu. Gerade in diesem Bereich zeigt sich die Konvergenz der IT- und CE-Branche recht deutlich. Nicht nur PC-Karten, USB-Boxen und PCMCIA-Karten für PCs und Notebooks werden zum kommenden Starttermin der flächigen Einführung des DVB-T-Standards im gesamten Bundesgebiet die Kassen der IT-Händler klingeln lassen. Auch consumer-orientierte Hardware wie z. B. Set-Top-Boxen (die den traditionellen TV-Geräten den digitalen Empfang ermöglichen), der Kauf von Fernsehgeräten mit integrierter digitaler Empfangseinheit (IDTV = Integrated Digital TV) und der reine Service zur Integration der neuen Technologie im Wohnzimmer werden zu neuen Umsatzpotenzialen führen. (5)

Der Anspruch an die Servicetechniker wird sich allerdings ändern, denn wo früher der Fernsehtechniker gefragt war, wird jetzt zunehmend der IT-Techniker benötigt und diesen Service kann bisher kein Saturn- oder Media-Markt leisten. (5)

Die Wertschöpfungsketten im Mediengeschäft könnten sich durch die Einführung des digitalen Fernsehens ändern

Diese Konvergenz der Rundfunk- und Mobilfunkbranche führt einen Wandel der Wertschöpfungsketten herbei und stellt damit Herausforderungen für die involvierten Akteure dar. Das schwierige Branchenumfeld, mit welchem der Fernseh - wie auch der Mobilfunkmarkt seit dem Jahre 2000 kämpfen, könnte durch diese neue Technologie für die Mobilfunknetzbetreiber - wie auch die TV-Sender beendet sein, da sich Möglichkeiten zu neuem Wachstum auftun.
Die Wertschöpfungskette der Telekommunikationsindustrie ist trotz der Liberalisierung immer noch stark vertikal unter der Kontrolle der Netzbetreiber geprägt. Dieses mag sich durch das Auftreten von sogenannten virtuellen Mobilfunknetzbetreibern (MVNOs) ändern. (6) Allerdings könnten wesentlich mehr Akteure involviert sein, die aber auch durchaus identische Funktionen erfüllen können. Die Kombination aus Broadcasting und Individualkommunikation nutzt die Skalenvorteile der einen Struktur und verbindet sie mit den Individualisierungspotenzialen der

anderen. Der einzige wunde Punkt besteht im Ausbau der Funktionen der Endgeräte zu vertretbaren Kosten.

Darüber hinaus ist zu klären, ob die mobilen Angebote speziell erstellt werden, oder ob herkömmliche Fernsehinhalte auf DVB-T-Basis verwendet und entsprechend konvergiert werden. (6)

Fallbeispiele

Die Digitalisierung der Übertragungswege Satellit, Kabel und Terrestrik steigern für die verschiedenen Nachrichtensender wie N24 und N-TV die technischen Reichweiten. Allerdings müssen sie sich auch auf einen verstärkten Wettbewerb einstellen, wenn mehr Anbieter in den einzelnen Netzen zu empfangen sind. Der bisherige Marktführer N-TV hat mit seiner technischen Reichweite von 91,7 Prozent und fast 32 Millionen Haushalten bereits jetzt die Obergrenze erreicht. N24 hat bisher nur etwa 81 Prozent Marktanteil und kann durch die Digitalisierung mit der Aufholjagd beginnen. So könnte durch diese neue Technologie die Reichweite bis zum Jahresende auf etwa 89 Prozent steigen. (8)

Eines der beherrschenden Themen der CeBIT 2005 war das Fernsehen. Neben einem starken Fokus auf DSL-basierten Angeboten, in der Regel in Form von Abrufportalen, hat die Thüringer Technotrend AG einen USB-Stick für den TV-Empfang vorgestellt. An dessen Ende wird eine Antenne eingesteckt. Die Firma Zarlink hat einen DVB-T-Receiver auf einer Platine von der Größe 90x55x25 mm untergebracht, was speziell den Einbau in mobilen Geräten ermöglicht. Siemens hat einen Handy-Prototyp vorgestellt, der mittels des bandbreiten-sparenden Standards DVB-H das Empfangen der Sender N24, Deutsche Welle, VIVAplus, Wetterkanal sowie Live-Bilder von der Messe ermöglicht. Ausgestattet ist dieser Prototyp mit einem Touchscreen-Display und Stereo-Lautsprechern auf der Seite.
Ebenso haben ProSieben-Sat1 und Vodafone ihre Kooperation von mobilem TV via UMTS um neue Angebote der Sendergruppe erweitert. So sind acht weitere Kanäle in das mobile TV-Programm aufgenommen worden, die bis Ende 2005 ohne Mehrkosten genutzt werden können. (3)

Weiterführende Literatur

(1) O. V. DVB-T startet am 30. Mai in Bayern, www.horizont.net, 17.03.2005
aus Capital vom 23.12.2004, Seite 62

(2) Europa//DVB-H Drei Pilotprojekte in Planung
aus Der Kontakter Nr. 11 vom 14.03.2005 Seite 044

(3) O. V., CeBIT 2005: In vielen neuen Spielarten Fernsehen im Einzelabruf, als eigene Videothek, als Kinoerlebnis, auf dem Handy, medien aktuell, 14.03.2005, S. 14
aus Der Kontakter Nr. 11 vom 14.03.2005 Seite 044

(4) ARD/ZDF Weiterer DVB-T-Ausbau für 2005 geplant
aus Der Kontakter Nr. 10 vom 07.03.2005 Seite 030

(5) VERKAUF VON DVB-T-HARDWARE UND INSTALLATION VON MEDIENZENTRALEN Das digitale Umsatzwunder für den Fachhandel ARGUMENT.
aus IT Business, Heft 10/2005, S. 4

(6) Konvergenz von Rundfunk und Mobilfunk - Wandel der Wertschöpfungsketten durch DVB-H
aus Thexis, Jg. 22, Nr. 2 vom 03.03.2005, S. 41-46

(7) O. V., Satellit ist der Digitalmarkt-Gewinner, Anstieg der Digital-Haushalte 2004 auf 7,1 Mio., zwei Drittel entfallen auf Sat, medien aktuell, 28.02.2005, S. 1
aus Thexis, Jg. 22, Nr. 2 vom 03.03.2005, S. 41-46

(8) Digitalisierung verschärft Wettbewerb
aus HORIZONT 04 vom 27.01.2005 Seite 044

Impressum

Das digitale Fernsehen revolutioniert den Fernsehmarkt

Bibliografische Information der deutschen Nationalbibliothek

Die Deutsche Nationalbibliothek verzeichnet diese Publikation in der deutschen Nationalbibliografie; detaillierte bibliografische Daten sind im Internet über http://dnb.d-nb.de abrufbar.

ISBN: 978-3-7379-0303-5

© 2015 GBI-Genios Deutsche Wirtschaftsdatenbank GmbH, Freischützstraße 96, 81927 München, www.genios.de

Alle Rechte vorbehalten. Dieses Werk ist einschließlich aller seiner Teile – z.B. Texte, Tabellen und Grafiken - urheberrechtlich geschützt. Jede Verwertung außerhalb der Grenzen des Urheberrechtsgesetzes bedarf der vorherigen Zustimmung des Verlags. Dies gilt insbesondere auch für auszugsweise Nachdrucke, fotomechanische Vervielfältigungen (Fotokopie/Mikroskopie), Übersetzungen, Auswertungen durch Datenbanken oder ähnliche Einrichtungen und die Einspeicherung und Verarbeitung in elektronischen Systemen.